Weihnachten mit Thomas Müller

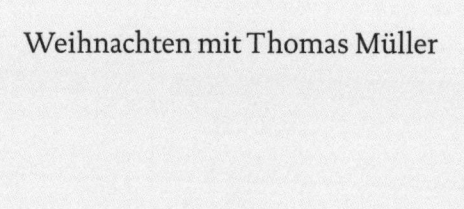

Karen Duve

Weihnachten mit Thomas Müller

illustriert
von Petra Kolitsch

Galiani Berlin

MIX
Papier aus verantwor-
tungsvollen Quellen
FSC® C013736

FSC
www.fsc.org

®

Verlag Kiepenheuer & Witsch, FSC®-N001512

3. Auflage 2022

Verlag Galiani Berlin

Umschlaggestaltung und Illustrationen Petra Kolitsch
Gesetzt aus der DTL Documenta von Frank E. Blokland
Satz Felder KölnBerlin
Druck und Bindung Kösel GmbH & Co. KG, Krugzell
ISBN 978-3-86971-130-0

Weitere Informationen zu unserem Programm
finden Sie unter www.galiani.de

Ein Stern fiel vom Himmel, und niemand sah es außer einem Bären und einer Katze. Sie saßen auf dem Rand eines Brunnens, der vor dem Burger-King-Laden in der Hamburger Mönckebergstraße stand. Der Burger King hatte bereits geschlossen, weil Heiligabend war. Der Bär hieß Thomas Müller und war kein richtiger Bär, bloß ein Stoffbär – noch dazu ein ramponiertes Exemplar, das um die Ohren herum reichlich abgeliebt und abgewetzt aussah. Als er die Sternschnuppe entdeckte, wünschte er sich, dass jemand kommen und ihn holen solle, denn er war ein verloren gegangener Bär. Er war mit der Familie Wortmann in einem Ford Kombi in die Stadt gefahren, mit Herrn Wortmann und Frau Wortmann und Marc Wortmann, der zwar erst sechs Jahre alt, aber trotzdem der Hauptverantwortliche für den Stoffbären war. Familie Wortmann kaufte alle Weihnachtsge-

schenke immer erst auf den allerletzten Drücker.
Sie mochten das, wenn es in den Geschäften
richtig voll und hektisch war. Zuletzt waren sie
ins Spiel- und Sporthaus Karstadt gegangen.
Marc Wortmann hatte Thomas Müller unter den
Arm geklemmt, und irgendwann – vermutlich
als Marc Wortmann die Turnschuhe mit dem
integrierten Discolicht entdeckte – hatte er ihn
fallen lassen und vergessen. So etwas kommt
vor.

Der Bär hatte versucht, die Familie wieder einzuholen, aber er war schlecht zu Fuß, und nachdem er eine Stunde lang durch die Mönckebergstraße geirrt war, ging er zum Taxistand und stieg in ein Taxi, auf dessen Kofferraum die Forderung TODESSTRAFE FÜR TAXIMÖRDER klebte.

»Servus«, sagte Thomas Müller zu dem Taxifahrer, »wären Sie wohl so freundlich, mich nach Hanstedt zu fahren, und zwar in die Dasselstraße 32, und auch für mich zu läuten? Ich reiche nämlich nicht bis an den Klingelknopf.« Der Taxifahrer drehte sich zu ihm um. Er hatte ein Gesicht wie aus einer Gemüsekiste.

»Das is' 'ne Ferntour. Bei Ferntouren kassier' ich immer im Voraus.«

»Oh«, sagte Thomas Müller, denn er hatte nicht damit gerechnet, dass er für eine Taxifahrt bezahlen müsste. Er bekam bloß zwanzig Cent Taschengeld im Monat, und die steckte er immer in sein Sparschwein, weil er keine Kleider trug und in seinem Fell keine Taschen waren. »Könnten Sie mich nicht ausnahmsweise umsonst fahren?«

»Was«, schrie der Taxifahrer. »Du hast gar kein Geld und willst mit mir nach Hanstedt?«

Er sprang aus seinem Auto und trommelte die anderen Taxifahrer, die hinter ihm gewartet hatten, zusammen. Gemeinsam zerrten sie Thomas Müller aus dem Auto und verpassten ihm eine Abreibung. Zum Schluss gab ihm einer noch einen Tritt, dass er im hohen Bogen in den Brunnen neben den Taxiplatz flog.

»Der macht bestimmt nie wieder Zahlungs-
schwierigkeiten«, sagten sie und lachten so böse,
wie nur Taxifahrer böse lachen können. Der Bär
konnte zum Glück schwimmen und zog sich
wieder aus dem Brunnen heraus, wo er erst
einmal erschöpft sitzen blieb. Aber es war sehr
kalt, sein Fell war nass und wurde erst filzig,
dann bildeten sich kleine Eiszapfen darin, und
er fror am Brunnenrand fest. Es war ihm zu
peinlich, jemanden um Hilfe zu bitten, weil alle
Leute so beschäftigt und genervt aussahen, und
darum saß er immer noch festgefroren auf dem
Brunnenrand, als die Kaufhäuser dichtmachten
und die Taxis weggefahren waren und alle Leute
nach Hause gegangen waren, um Spekulatius zu
essen und die letzten Geschenke einzupacken,
falls die nicht schon von den Verkäuferinnen
von Douglas eingepackt worden waren, die das
ja viel besser können.

Zu allem Überfluss hatte Thomas Müller auch
noch Wasser in die Ohren bekommen und hörte
schlecht und hatte keine Finger, mit denen er
sich hätte in den Ohren bohren können.

Dann, als der Himmel richtig dunkel wurde, war
diese ziemlich gefährlich aussehende Katze
aufgetaucht.
Es war eine Wanderkatze,
und sie setzte sich einen
Meter von Thomas Müller
entfernt auf den Brunnenrand
und starrte ihn aus phospho-
reszierenden Augen an. Der
Bär dachte, dass die Katze auf
gar keinen Fall merken dürfe,
dass er festgefroren und hilflos
war, und darum schlenkerte er
mit den Beinen und pfiff sich eins.
Dann räusperte er sich und sagte:
»Ein nettes Plätzchen hier, nicht
wahr? Und so bequem.«
Die Katze antwortete nicht und starrte ihn
bloß weiter an. So saßen sie wieder eine Weile,
Thomas Müller pfiff ab und zu, und dann fiel
der Stern vom Himmel.

»Was hast du dir gewünscht?«, fragte Thomas
Müller, nachdem er seinen Wunsch getan hatte.
»Wenn man eine Sternschnuppe sieht, kann
man sich nämlich etwas wünschen.«
»Firlefanz«, fauchte die Katze, »was du da eben
gesehen hast, war ein Meteorit, der in der Erd-
atmosphäre verglüht ist. Vielleicht war es auch
nur ein Stück von einem Meteoriten. Jedenfalls
gehen deswegen keine Wünsche in Erfüllung.«
»Ach so! Wie klug du bist«, sagte der Bär und
war froh, dass die Katze endlich gesprochen
hatte, und dachte: Was mag das bloß sein –
Erdatmosphäre und Meteorit.
»Ich heiße übrigens Thomas Müller«, fuhr er fort,
bemüht das Gespräch nicht abbrechen zu lassen.
»Das passt! Genauso siehst du aus«, sagte die
Katze.
»Wie heißt du denn?«
»Mein Alltagsname oder mein Geheimname?«,
fragte die Wanderkatze zurück.
»Hast du denn zwei Namen?«
»Jedes Tier hat zwei Namen.«
»Ich auch?«, fragte Thomas Müller.

»Selbstverständlich.«

»Und wie ist mein Geheimname?«

»Das musst du selbst herausfinden«, sagte die Wanderkatze. Thomas Müller sah auf seine filzigen Füße mit den Eiszapfen daran. Dann sagte er: »Ich glaube, mit Geheimnamen heiße ich auch Thomas Müller.«

Sie schwiegen wieder eine Weile, bis der Bär die Katze noch einmal fragte: »Wie ist denn jetzt dein Name?«

»Nenn mich Panther. Panther, Kaiser über alle Wanderkatzen.«

»Oh, Sandra Kaiser, das ist aber ein schöner Name«, sagte Thomas Müller, der immer noch Wasser in den Ohren hatte.

Die Katze seufzte, fand es aber unter ihrer Würde, das Missverständnis aufzuklären.

»Warum sitzt du hier eigentlich?«, fragte sie.

»Ich bin verloren gegangen. Aus Versehen. So etwas kann schon mal passieren. Aber bald kommt jemand, um mich zu holen. Du wirst sehen, es dauert nicht mehr lange.«

»Wie lange sitzt du denn schon hier?«

»Fünf Stunden«, sagte Thomas Müller. Eine
Träne lief über seine Plüschnase, blieb kurz an
seiner Nase hängen und fiel auf seinen Fuß.
Dann begannen seine Lippen zu beben, sein
Maul zog sich in die Breite, und er schluchzte
heftig los. »Und außerdem bin ich festgefroren«,
presste er heraus.

»Du brauchst nicht zu weinen, bloß weil deine
Leute nichts mehr von dir wissen wollen«, sagte
Sandra Kaiser, »du kannst mit mir kommen.«
Sie wetzte die rechte Zeigekralle am Brunnenrand, bedeutete dem Bären, dass er sich vor-
beugen solle, und dann sägte sie sein Fell an
den Stellen ab, an denen es angefroren war.

Thomas Müller sprang zu Boden. Er schnüffelte. »Vielleicht holen sie mich morgen.«

»Niemals«, sagte Sandra Kaiser, »die sitzen jetzt vergnügt unterm Weihnachtsbaum und packen Geschenke aus und denken nicht mal an dich. Vermutlich haben sie gleich einen neuen Stoffbären gekauft, als sie gemerkt haben, dass du verloren gegangen bist. Einen mit Brummstimme und Klingel in der Pfote und ganz weichem Fell.«

»Ich will nach Hause«, schrie Thomas Müller und schluchzte immer heftiger, »hier ist es so dunkel und so kalt, und außerdem bin ich gewohnt, regelmäßig alle zwei Stunden etwas zu essen. Brötchen mit Schokoladenflocken zum Beispiel oder Gewürzgurken.«

»Wo wohnst du denn?«, fragte die Katze. »Wenn es nicht zu weit ist, werde ich dich nach Hause bringen. Weißt du noch, aus welcher Richtung ihr gekommen seid?«

»Ich glaube, wir sind von rechts gekommen«, sagte der Bär, »aber vielleicht sind wir auch von links gekommen. Ist das wichtig?«

»Wie man's nimmt; wenn wir in die falsche Richtung gehen, dann müssen wir erst einmal rund um die Erde laufen, bevor wir zu dir nach Hause kommen.«

»Ist das weit?«

»Nicht sehr. Wenn wir bei den Chinesen sind, haben wir schon den halben Weg geschafft.«

»Das ist gut«, sagte Thomas Müller.

Sie marschierten los. Ein eisiger Wind pfiff ihnen entgegen. Als sie die Elbbrücken erreichten, fing es an zu schneien. Sie stemmten sich gegen Schnee und Wind, sträubten ihr Fell und kniffen die Augen zusammen. Es schneite immer heftiger, Luftwirbel heulten unheimlich in den dunklen Brückenbögen.

»Ich kann nicht mehr«, sagte Thomas Müller, »meine Pfoten sind schon ganz durchgewetzt. Gleich kommt Holzwolle raus. Ich bin völlig fertig.«

»Wer jammert, hat noch Reserven«, sagte Sandra Kaiser und ging einfach weiter.

Plötzlich tauchten zwei einsame Scheinwerfer
auf und blendeten den Bären und die Katze.
Ein Auto hielt neben ihnen, und ein junger
Mann beugte sich aus dem Fenster und sagte:
»Wir fahren in die Stadt. Sollen wir euch mit-
nehmen?«

»Ja«, sagte Thomas Müller, »ich will nach Hanstedt.« Der Mann zog seinen Kopf wieder zurück
und beriet sich kurz mit der Frau, die am Steuer
saß. Dann beugte er sich wieder raus und sagte:
»Da kommen wir zwar gerade her, aber wir
drehen eben wieder um und fahren euch schnell
hin.«

Er machte die hintere Tür auf, wo zwei Mädchen saßen, von denen das kleinere dick wie eine Made war. Thomas Müller und Sandra Kaiser stiegen ein und bedankten sich. »Ich bin Ulrike«, sagte die Fahrerin, »und das ist Oskar.«

»Ich bin ich«, sagte das ältere der Mädchen, »und der heißt gar nicht Oskar, sondern Olli.«

Das Madenkind schlief und sagte gar nichts.

»Dasselstraße 32«, sagte der Stoffbär, »aber ich sag's gleich, dass ich kein Geld hab'.«

Oskar und Ulrike sahen sich erstaunt an.

»Achtet einfach nicht auf ihn«, sagte die Katze, »mein Kumpel hatte einen ziemlich schweren Tag.«

Im Wagen war es mollig warm, und sie wurden schläfrig und dösten vor sich hin, bis Ulrike sich umdrehte und sagte: »Aufwachen, wir sind da.«

Sie bedankten sich artig und stiegen aus, und Oskar und Ulrike fuhren mit dem Madenkind und dem großen Kind wieder Richtung Stadt.

»Na gut, hier trennen sich dann also unsere Wege«, sagte Sandra Kaiser und sah sehr dünn, sehr grau und sehr einsam aus.

»Ich dachte, du kommst mit rein. Auf einen
Kaffee oder so«, sagte der Bär.
»Nein, das geht nicht«, sagte die Katze, »schließlich bin ich eine Wanderkatze, schließlich bin
ich Panther, der Kaiser aller Wanderkatzen. So
ein Name verpflichtet.«
»Versteh' ich nicht«, sagte Thomas Müller, dem
das Wasser im Ohr immer noch zu schaffen
machte, »warum sollst du nicht mit hier wohnen
können, bloß weil du Sandra Kaiser heißt?«
In diesem Augenblick ging die Haustür auf, und
Frau Wortmann kam heraus.

»Seht nur, Thomas Müller ist wieder da«, rief sie.
»Ich habe es doch gleich gewusst, als ich die
Stimmen gehört habe.« Jetzt kamen auch Herr
Wortmann und Marc Wortmann angerannt und
riefen: »Thomas Müller ist wieder da. Thomas
Müller ist wieder da.«
»Wir haben uns solche Sorgen gemacht«, sagte
Frau Wortmann, »wir haben sogar die Polizei
angerufen.«
»Ich habe mir die meisten Sorgen gemacht«,
sagte Marc Wortmann und nahm Thomas
Müller auf den Arm, »ich wäre nie mehr froh
geworden.«

»Habt ihr schon angefangen, die Geschenke
auszupacken?«, fragte der Stoffbär.
»Natürlich nicht«, sagte Frau Wortmann, »wir
würden nie ohne dich anfangen.«
Jetzt entdeckten sie auch die Katze.
»Das ist Sandra Kaiser«, stellte der Bär vor, und
alle gaben Sandra Kaiser die Hand, und dann
gingen sie alle miteinander ins Haus hinein.
Frau Wortmann wollte ihnen erst ein heißes
Bad einlaufen lassen, aber Thomas Müller sagte,
dass er sich kräftig genug fühle, um gleich mit
der Bescherung anzufangen.

Thomas Müller, Sandra Kaiser und Marc Wortmann mussten im Kinderzimmer warten,
während Herr Wortmann im Wohnzimmer
die Kerzen anzündete. Frau Wortmann schlich
ihm hinterher und tippte ihm auf die Schulter:
»Wir haben doch gar kein Geschenk für die
Wanderkatze. Macht es dir etwas aus, mein
Lieber, wenn du dieses Jahr ein Geschenk weni-
ger bekommst und ich es dafür Sandra Kaiser
gebe?«

»Aber überhaupt nicht«, sagte Herr Wortmann
und gab seiner Frau einen Kuss, »du musst mir
nur versprechen, dass es nicht gerade die Socken
sind, denn auf die Socken habe ich mich schon
so gefreut.«

Als alle Kerzen brannten, läutete Frau Wortmann mit der Glocke, und der Bär, die Katze und
Marc Wortmann kamen aus dem Kinderzimmer
gelaufen.

»Ist das wirklich und wahrhaftig für
mich?«, fragte Sandra Kaiser, als Frau
Wortmann ihr ein großes Geschenk in
silbernem Glanzpapier in die Pfoten
drückte. Dann fuhr sie die Krallen
aus und fetzte das Geschenkpapier
herunter.

»Pocahontas-Bettwäsche! Das habe ich mir
schon immer gewünscht«, rief die Wanderkatze
und zeigte allen die Bettwäsche mit dem
Indianermädchen drauf.

Herr Wortmann war ein bisschen bedrückt, weil er auch sehr gern die Pocahontas-Bettwäsche bekommen hätte, aber seine Frau flüsterte ihm zu, dass sie nach Weihnachten ja noch einmal in die Stadt fahren und die gleiche Bettwäsche auch für ihn kaufen könnten. Thomas Müller hatte ein Polizeiauto bekommen und ein Schnipp-Schnapp-Spiel. Marc Wortmann hatte die blinkenden Turnschuhe bekommen und fünf Wrestling-Figuren und einen Haufen anderer Sachen. Frau Wortmann hatte einen Kaktus bekommen und einen Werkzeugkoffer, und Herr Wortmann freute sich über Socken und ein Dosenhuhn und die Pocahontas-Bettwäsche, die demnächst noch dazukommen würde.

Nach dem Geschenkeauspacken setzten sich alle
vor den Baum und sangen: »Vom Himmel hoch«,
und dann aßen sie Printen und Marzipan und
Dominosteine, bis ihnen schlecht wurde. Da
gingen sie dann ins Bett. Sandra Kaiser schlief
auf dem Sofa. Thomas Müller schlief mit im Bett
von Marc Wortmann, weil Marc Wortmann
sonst nicht einschlafen konnte.

Als Marc Wortmann eingeschlafen war, stand
Thomas Müller noch einmal auf und ging ins
Wohnzimmer und krabbelte zu Sandra Kaiser
auf das Sofa.

»Darf ich mich an dich schmiegen?«,
flüsterte der Bär.
»Meinetwegen«, knurrte die Wanderkatze.
Thomas Müller grub seine Nase in das Fell der
Katze und schnüffelte.
»Du riechst so gut.«
»Ah so? Wonach denn?«, fragte Sandra Kaiser.
»Nach Panther«, sagte Thomas Müller und
schlief ein.